www.ingramcontent.com/pod-product-compliance
Lightning Source LLC
Chambersburg PA
CBHW081518220526
45467CB00010B/2967
* 9 7 8 1 7 0 5 4 1 0 6 9 1 *